W0190263

# Die kleinen
# Schätze am Wegesrand

ISBN 978-3-649-66701-8

© 2015 Coppenrath Verlag GmbH & Co. KG,
Hafenweg 30, 48155 Münster, Germany
© 2015 an den Texten bei Hans Kruppa
Illustrationen: Catherine Ducloux
Cover-Illustrationen: Julia Marquardt
Textsatz & grafische Gestaltung: Manuela Altrichter
Alle Rechte vorbehalten
Printed in Slovakia

www.coppenrath.de

Hans Kruppa

# Die kleinen
# Schätze am Wegesrand

Mit Illustrationen von Catherine Ducloux

COPPENRATH

# VORWORT

Jedes Bild erzählt eine Geschichte. Wer kennt diese Redensart nicht? Ich habe sie beim Wort genommen und lasse in diesem Buch Bilder ihre Geschichten erzählen.

Die Inspiration dazu kam mir eines Tages bei der Betrachtung meiner Photos. Schon immer habe ich leidenschaftlich gern alles photographiert, was mir wert schien, optisch festgehalten zu werden.

Unter diesen Photos waren manche, die eine eigenartige Wirkung auf mich hatten, weil sie etwas Überraschendes, Ungewöhnliches zeigten.

Je länger ich diese aus der Reihe des Gewöhnlichen tanzenden Photos betrachtete, desto deutlicher spürte ich, daß sie mir etwas zu sagen hatten. Daß sie mich auf ganz sanfte Weise aufforderten, mich näher mit ihnen zu beschäftigen und meine inneren Ohren zu spitzen, um die lautlosen Geschichten zu verstehen, die sie mir erzählen wollten.

Und plötzlich geschah es: Eine einsam und traurig wirkende weiße Kuh auf einer großen Weide in Burgund vertraute mir die Gründe ihrer emotionalen Verfassung an. Der auffällig schiefe Baum am Ufer des Schwanenteichs im Bremer Bürgerpark erklärte mir, warum er sich dem Wasser so weit zugeneigt hatte. Und die große Maske am Ufer des Werdersees, ein Kunstobjekt im öffentlichen Raum, gestand mir ihre Verzweiflung darüber, daß die Passanten so abfällig und spöttisch über ihre äußere Häßlichkeit sprachen, ohne ihre innere Schönheit auch nur zu erahnen.

Und so lernte ich, daß viele Tiere, Pflanzen, Bäume und Gegenstände zu etwas Besonderem, ganz Individuellem werden, wenn man sich die Zeit nimmt, mit Hilfe der Phantasie durch ihre Fassade in ihr Inneres zu schauen. Und daß es Schätze gibt am Wegesrand, die man auf den ersten Blick nicht als solche erkennt. Schätze, die man nur entdecken kann, wenn man den Schleier der alltäglichen, routinierten Wahrnehmung lüftet und genauer hinschaut und hinhört. Schätze, die das Lebensgefühl heben und die Lebensqualität steigern können, wenn man sie entdeckt und als geistigen und emotionalen Besitz mitnimmt.

Diese scheinbar unlebendigen oder sprachlosen Dinge und Lebewesen zum Sprechen bringen, das kann nicht nur ein Dichter, der von Natur aus mit einer guten Portion Phantasie und Einfühlungsvermögen ausgestattet ist. Das kann jeder Mensch, der sich auf eine Beobachtung einläßt und konzentriert in ihr Inneres blickt. Dazu muß er sich nur aus dem Alltagstrott ausklinken, seine Phantasie bei der Hand nehmen und mit ihr dorthin gehen, wo Bilder ihre Geschichten erzählen, die uns nicht nur zum Schmunzeln und Nachdenken bringen, sondern auch unseren Tag retten, unser Leben bereichern, unseren Horizont erweitern können.

Daß dies möglich ist, will ich mit diesem Buch zeigen. Ich hoffe, daß es seinen Leserinnen und Lesern nicht nur Freude schenkt, sondern sie auch dazu anregt, dem einen oder anderen Bild, das ihnen begegnet oder begegnet ist, seine ganz persönliche Geschichte zu entlocken.

H.K.

*Es gibt eigentlich
keine größere Weisheit,
als in jedem schönen Moment,
den das Leben uns schenkt,
so aufzugehen,
als sei es der letzte.*

## DIE WEISE SCHÖNHEITSKÖNIGIN

Diese Katze habe ich hier noch nie gesehen. Ich beobachte sie schon eine Weile. Dank ihrer majestätischen Ausstrahlung hat sie einen Vorgarten in der Nachbarschaft zu ihrem Reich gemacht. Sie ist wunderschön!

Mit ihrem langen hellbeigen Fell und ihren klaren grünen Augen ist sie eine Schönheitskönigin unter den Stubentigern.

Doch sie hat nicht nur äußere Qualitäten. Denn wie sie sich bewegt und sich schließlich ins Gras des Vorgartens legt, das hat eine Eleganz und eine Anmut, die man schon philosophisch nennen muß. Und ihre Klugheit ist förmlich spürbar.

Diese Katze interessiert sich nicht für ihre nächste Mahlzeit, ihr nächstes Nickerchen, ihre nächste Maus. Sie hat weitaus tiefere Interessen. Ihre Leidenschaft gilt der hohen Kunst der Lebensweisheit. Und darin hat sie es schon weit gebracht.

Während ich sie photographiere, lausche ich fasziniert ihren klugen Gedankengängen.

# ICH GENIESSE DEN AUGENBLICK

Ein weiser Mann hat gesagt, das Glück gehört denen, die sich selbst genügen. Denn alle äußeren Quellen des Glücks und Genusses sind ihrer Natur nach höchst unsicher, vergänglich und dem Zufall unterworfen.

Der Philosoph hat recht. Das Glück gehört den Selbstgenügsamen. Denen es genügt, wohlwollend und offen in die Welt zu schauen und Schönheit in ihr zu entdecken. Die im Grund ihre eigene Schönheit ist. Denn Schönheit liegt nun mal im Auge des Betrachters. Und das Auge des Betrachters ist der Spiegel seiner Seele.

Wer also eine schöne Seele hat, kann selbst an einem kahlen Baum überwältigende Schönheit finden, die ihn glücklich macht. Er kann sich auf einer grünen Wiese fühlen wie im Paradies.

Ich bin die Ruhe selbst. Es geht mir gut, weil ich nichts will, als einfach hier zu liegen und die Sonne meinen Pelz wärmen zu lassen.

Mir fehlt es an nichts, weil ich alles in mir habe.
Ich genieße den Augenblick. Alles ist gut. Ich könnte
ewig hier liegen.
Keine Zukunft kann mir das zurückgeben, was ich in
der Gegenwart verpasse.
Wenn ich wunschlos bin, so wie jetzt, weiß ich, daß
ich nichts versäume.
Daß ich so lebe, wie ich leben sollte.

*Sich der schönen Situation*
*ohne Zögern hingeben.*
*Aus dieser Hingabe*
*entsteht Intensität,*
*erwächst Magie,*
*die uns auf eine Ebene trägt,*
*wo in jedem Augenblick*
*das Glück berührbar ist.*

*Ich bin zuständig*
*für meine Lebenszustände.*
*Ich bin verantwortlich*
*für meine Antworten*
*auf die Fragen des Lebens.*

## GARTENZWERGE
## MIT ROTEN MÜTZEN

Irgendwo in Frankreich. Ein eingeschossiges Haus, das schon bessere Zeiten gesehen hat. Die Fassade müßte unbedingt mal gestrichen werden.

Zwei niedrige Fenster. Und darunter etwas Überraschendes. Eine lange Reihe von rund zwanzig Gartenzwergen steht da auf einer sehr schmalen, etwa dreißig Zentimeter hohen Mini-Veranda, die womöglich extra für sie angelegt wurde. In verschiedenen Größen, mit dem Rücken an der Wand, in regelmäßigem Abstand von zwanzig bis dreißig Zentimetern.

Sie stehen dort, als würden sie das Haus bewachen.
Und wie sie so in die Welt hinausgucken, das ist schon ein lustiger Anblick!
Sie haben unterschiedliche Größen. Manche sind nur halb so groß wie die anderen und wirken auf mich wie Gartenzwergkinder. Meistens steht ein kleiner zwischen zwei großen Zwergen.

Wenn man genauer hinsieht, erkennt man, daß jeder Zwerg anders aussieht als die anderen. Eine Gemeinsamkeit fällt mir allerdings ins Auge: Die Zwerge haben alle rote Mützen auf. Während ich noch überlege, was der Grund dafür sein könnte, höre ich plötzlich ihre leisen, lustigen Stimmen.

# Zum Beispiel Sonnenaufgänge

Hallo, Freunde! Gibt es was Neues?

Soll das ein Witz sein? Es gibt seit Ewigkeiten nichts Neues.

Ja, wir stehen hier mit dem Rücken zur Wand, wie jeden Tag und jede Nacht.

Genau, und wir bewachen das Haus, was ich übrigens für sinnlos halte.

Wieso?

Na, wer bricht in ein Haus ein, dem man schon an der Fassade ansieht, daß darin nichts zu holen ist!

Sehe ich auch so! Unser Leben ist ziemlich öde. Wenn wir wenigstens in einem Garten stehen würden, wofür wir ja eigentlich auch gedacht sind. Da gibt es Blumen und Bäume und Schmetterlinge. Aber hier ist ja nur Beton und Asphalt zu sehen. Ich sag euch, wir stehen in mehr als einer Hinsicht mit dem Rükken zur Wand.

Ja, so ist es. Und dann noch diese blöde Uniformierung!

Was meinst du damit?

Guck dich doch um! Was siehst du zu deiner Linken und deiner Rechten?

Na, Gartenzwerge wie dich und mich!

Und was haben die auf dem Kopf?

Rote Mützen.

Siehst du, das meine ich mit Uniformierung! Warum müssen wir alle rote Mützen tragen? Das ist entindividualisierend. Unser Leben ist schon hart genug ohne diese beknackten roten Mützen.

Du mit deinen Luxusproblemen! Merkst du nicht, wie miesepetrig du drauf bist? Nimm das Leben doch so, wie es ist! Wir haben nun mal alle rote Mützen. Na und? Es kommt doch gar nicht auf die Farbe unserer Mützen an. Und auch nicht darauf, daß wir welche auf dem Kopf tragen. Sondern auf das, was wir im Kopf haben. Da hat jeder etwas anderes. Du findest das Leben hart und öde, aber andere nicht.

Welche anderen?

Ich zum Beispiel. Ich finde das Leben interessant und überhaupt nicht langweilig. Es gibt so viele Gründe zur Freude! Es gibt so viel Schönes zu sehen!

Zum Beispiel?

Zum Beispiel Sonnenaufgänge, blühende Bäume und Sträucher, Katzen und Hunde, Blumen und Schmetterlinge, die weißen Wolken am Himmel, die ständig ihre Formen verändern. Du klagst darüber, daß wir mit dem Rücken zur Wand stehen. Freu dich doch darüber! Denn so können wir sehen, was vor unseren Augen geschieht!

Er hat recht. Es ist gut so, wie es ist. Das Leben ist doch das, was wir aus ihm machen!

*Im Grunde sind es nicht*
*so sehr unsere Erfahrungen,*
*die uns zu dem machen,*
*was wir sind,*
*sondern das,*
*was wir aus ihnen machen.*

*Manche Gespräche*
*ähneln Mahlzeiten:*
*Man darf sie nicht*
*kalt werden lassen,*
*indem man sie*
*zu lange unterbricht.*

## KOMMUNIKATIONSPROBLEME

Ein milder Spätsommertag. Ich lustwandle im Park und setze mich schließlich ins Gras am Ufer des Emmasees.

Es ist ganz ruhig. Das Grundrauschen der Großstadt ist hier im Herzen des Bürgerparks nicht zu hören. Ich liebe diesen Park, weil man in ihm vergessen kann, daß man sich in einer Metropole befindet. Es ist so wunderbar still.

Das war es zumindest bis eben. Denn jetzt wird gequakt und geschnattert, als ginge es um Leben und

Tod. Ein Erpel paddelt hinter einer Ente her und will ihr unbedingt etwas sagen. Doch sie ignoriert ihn. Sie paddelt so schnell, daß es ihm nicht gelingt, zu ihr aufzuschließen, geschweige denn, sie für sein Anliegen aufzuschließen.

Sie ist und bleibt verschlossen und verweigert ihm das Gespräch, das er so dringend will.

Ich spitze meine inneren Ohren und höre, wie die Ente den Erpel immer aufs neue auflaufen läßt.

# Wir müssen reden!

Ente, jetzt warte doch mal!

Wieso, Erpel?

Ich kann nicht denken und dir gleichzeitig hinterherpaddeln!

Seit wann kannst du denken?

Du hast aber heute wieder einen spitzen Schnabel!

Ich rede halt, wie mir der Schnabel gewachsen ist.

Ja ja, ist ja gut. Jetzt warte doch mal!

Nö!

Bitte!!

Nö!

Ente, du bist stur wie ein Esel!

Erpel, wenn das eine Beleidigung sein soll, perlt sie von mir ab wie Wasser von meinem Gefieder.

Ich will dich nicht beleidigen. Ich will nur mit dir reden.

Dann rede doch.

Ich kann aber nicht reden, wenn ich dir hinterherpaddeln muß.

Ich dachte, du kannst dabei nicht denken.

Und reden kann ich dabei auch nicht.

Tja, dein Pech.

Jetzt warte doch endlich mal!

Warum?

Ich möchte ein Mißverständnis zwischen uns aus dem Weg räumen!

Ich dachte, du kannst nicht reden, wenn du mir hinterherpaddelst.

Kann ich auch nicht!

Tust du aber die ganze Zeit!

Jetzt warte doch mal! Wie soll ich unser Mißverständnis aus der Welt schaffen, wenn du mir aus dem
Weg gehst?

*Wenn wir die*
*Mißverständnisse zwischen uns*
*zu lange unausgeräumt lassen,*
*könnten sie zu falschen Erkenntnissen,*
*zu wachsenden Irrtümern werden,*
*die uns den Blick auf die Wahrheit*
*mehr und mehr verstellen.*

*Wer an sich zweifelt,*
*stellt sich selbst*
*Hindernisse in den Weg.*
*Skepsis und Zweifel machen*
*jeden Weg lang und schwer.*
*Vertrauen in die eigene Kraft*
*kann Flügel verleihen.*

## DER HUND MIT DEM PULLOVER

Er fällt ins Auge, der Hund auf dem Bremer Rathausplatz. Denn er trägt einen hellen Pullover. Der ihm allerdings zu groß ist.

Dabei ist es gar nicht kalt. Sein Frauchen, das ihn an der Leine führt, hat ihm den Pulli offenbar aus modischen Gründen angezogen.

Vielleicht ist das Tier ja erkältet?

Der Hund scheint es zu genießen, daß er die Blicke auf sich zieht. Welcher Hund im Pullover wird schon durch die Innenstadt geführt? Seine Kleidung, sonst ein ausschließlich menschliches Privileg, hebt ihn aus der Hundewelt hervor, macht ihn zu etwas Besonderem.

Wenn man wollte, könnte man ihn ein bißchen lustig finden. Aber er selbst scheint nicht die geringsten Zweifel daran zu haben, daß der Pullover ihm gut steht.

Er strahlt ein gesundes Selbstbewußtsein aus. Und auch seine Gedanken kommen klar und deutlich bei mir an.

# ICH FINDE MICH GUT

Schön warm ist er, der Pullover, den Frauchen aus lauter Liebe mir gestrickt und mir angezogen hat. Das hat mich glücklich und froh gemacht. Was will ein Hund mehr, als Liebesbeweise seines Frauchens? Ich fühle mich auch richtig wohl in dem Teil. Welcher Hund läuft schon mit einem Pulli durch die Stadt?

Eben habe ich mein Spiegelbild in einer Schaufensterscheibe gesehen. Sieht echt schick aus, der Pulli! Hängt zwar ein bißchen durch am Bauch, aber da werde ich mit der Zeit schon reinwachsen, so gut, wie mein Frauchen mich füttert.

Wenn ich die Blicke anderer Hunde richtig deute, finden sie mich eher lächerlich. Vielleicht wirke ich auch so. Wie ein Weichei, das Angst vor kaltem Wind hat.

Eine rassige junge Cockerspaniel-Dame bekam eben einen Lachanfall, als sie mich sah. Ich habe das ganz locker ignoriert. Bloß keine Unsicherheiten zeigen, souverän und cool bleiben, sich keine Blöße geben! Soll sie lachen, die Dame mit den überlangen Ohren! Welcher Hund bekommt schon von seinem Frauchen einen selbstgestrickten Pulli geschenkt, auch wenn er nicht gerade figurbetont ist?

Ein Lakeland-Terrier hat mich vorhin von oben herab angeguckt. Soll er ruhig auf mich hinabsehen, wenn es ihm Spaß macht! Ich trage den wärmenden

Liebesbeweis meines Frauchens mit Stolz und Würde.

Ich falle eben damit auf. Das mögen manche Artgenossen nicht. Man sieht auf den ersten Blick, daß mein Frauchen mich liebt. Das mögen sie noch weniger.

Na und?! Warum sollte ich mich runterziehen lassen von den Meinungen anderer Hunde über mich? Die können über mich doch denken, was sie wollen! Entscheidend ist, was ich selbst über mich denke.

Und ich finde mich gut.

*Vertraue dir selbst,*
*glaube an dich,*
*und du wirst*
*die Lebenskraft ausstrahlen,*
*die anderen Menschen hilft,*
*dir zu vertrauen,*
*an dich zu glauben.*

*Wer sein Augenmerk zu sehr*
*auf die Möglichkeiten richtet,*
*die ihm von außen verbaut werden,*
*verliert leicht den Blick*
*für die Möglichkeiten,*
*die er sich von innen*
*freilegen könnte.*

## DIE DISKUSSION DER PINGUINE

Im Zoo von Bremerhaven. Eigentlich ist die Atmosphäre hier, wo vor allem Wasserbewohner leben, ganz friedlich.

Nur bei vier Pinguinen auf einer Steininsel gibt es Zoff. Der wird jedoch ganz zivilisiert ausgetragen, ohne körperliche Gewalt, allein mit der Macht guter Argumente.

Pinguine sind keine primitiven Tiere, denen es nur auf die Befriedigung animalischer Bedürfnisse ankommt. Sie sind die fürsorglichsten Eltern, die man sich vorstellen kann. Und sie haben definitiv eine philosophische Ader.

Erst verstehe ich nicht, worüber sie so leidenschaftlich diskutieren, aber nach und nach fühle ich mich in die Sprache der Pinguine ein und stelle fest, daß es bei ihrem Streit um ein ganz existentielles Thema geht. Nämlich um die Frage, was ihr Leben im Zoo trotz ihrer Gefangenschaft lebenswert macht.

# GENIESSE DEN SONNENSCHEIN

Kannst du vielleicht endlich mal den Schnabel halten? Du würdest auch noch im Paradies meckern!
Nein! Würde ich nicht. Mich nerven die Blicke der Leute. Wie sie gaffen und grinsen, wie sie photographieren, wie sie mir meine Privatsphäre rauben, ohne das geringste Unrechtsbewußtsein. Wie sie sich über uns lustig machen!
Ach komm, das tun doch die wenigsten. Die allermeisten freuen sich, uns zu sehen. Sie lächeln, sie schmunzeln, unser Anblick gibt ihnen ein gutes Gefühl. Bei uns vergessen sie ihre Alltagssorgen. Ich finde das schön. Und dann die Augen der Kinder! Schau dir die Augen der Kinder an, und du weißt, daß wir hier etwas Gutes tun.
Wie kann man etwas Gutes tun, wenn man in Gefangenschaft lebt? Fern der Heimat, fern der freien Wildnis, fern des täglichen Kampfes ums Überleben.

Ach je! Sagt ihr doch auch mal was zu diesem Miesepeter!

Ist doch gar nicht so übel, jeden Tag gefüttert zu werden und nicht um sein Überleben kämpfen zu müssen.

Ja, man hat seine Ruhe, seinen Frieden und keine Feinde. Das ist doch wunderbar! Du solltest nicht alles ständig hinterfragen.

Siehst du, die beiden sind auf meiner Seite, du Querulant! Finde dich doch endlich damit ab, daß wir in einem Zoo leben! Konzentriere dich nicht immer nur auf die schlechten Seiten. Meckere nicht über Dinge, die sich nicht ändern werden.

Schwimm mal zwanzig Runden durch das Becken, so schnell du kannst. Gleite durchs Wasser wie ein junger Gott. Mit einer Eleganz, die sprachlos macht. Dann leg dich auf einen Stein, entspanne dich, genieße den Sonnenschein – und denke einfach an gar nichts.

Ich kann nicht an gar nichts denken!

Dann denk an die Freude in den Augen der Kinder!

*Um glücklich zu sein,*
*muß man das Gute*
*im Schlechten sehen*
*und das Schlechte*
*im Guten übersehen.*

*Manchmal sind wir fasziniert*
*und lassen uns auf etwas ein.*
*Doch dann und wann sind wir schockiert,*
*denn manchmal trügt leider der Schein.*

# DIE KATZE
## MIT DEM
## HYPNOTISCHEN BLICK

Sie schaut mich schon wieder so an, aber jetzt kenne ich den wahren Grund!

Heute abend kommt ihr Frauchen von einem Kurzurlaub an der Nordsee zurück. Ich habe ihre Katze gern für ein paar Tage bei mir aufgenommen, weil ich Katzen mag und mich für eine Weile so fühlen wollte wie ein Katzenhalter. Und weil die Person, die sich eigentlich um die Mieze kümmern wollte, ein gebrochenes Bein hat und nun selber versorgt werden muß.

Es gab in den fünf Tagen meines Zusammenlebens mit dem Tier so manche schöne Momente und kein Problem. Sie ist eine tolle Katze, und ich habe die Zeit mit ihr genossen.

Wir hatten jeden Tag lange Blickkontakte, die eine sehr entspannende und geradezu hypnotische Wirkung auf mich hatten. Aber irgendetwas stimmte dabei nicht.

Was nicht stimmte, weiß ich seit dem letzten Blickkontakt. Bei dem die Katze ein bißchen lauter als sonst gedacht hat. Laut genug für mich, um ihre Gedanken zu hören.

# DU KANNST FLIEGEN

Schau mir in die Augen!

Und laß jetzt einfach los! Alle deine Gedanken, deine Sorgen, deine Probleme. Einfach alles!

Laß alles hinter dir zurück. Tief und immer tiefer. Du vergißt, wer du bist, wie du heißt, wo du wohnst. Du machst dein Bewußtsein leer, völlig leer.

Schau mir in die Augen! Tiefer. Immer tiefer. Als würdest du dich sinken lassen auf den Grund eines blauen Sees. Je tiefer du sinkst, desto höher steigst du auf. Denn du hast deine Sorgen und Probleme abgeworfen wie Sandsäcke beim Aufstieg in immer größere Höhen.

Deine Seele ist ein entfesselter Fesselballon. Du kannst schweben, du kannst fliegen, meilenweit über dem Alltagslärm und Routinerauschen, schwerelos wie ein Adler im Gleitflug. Du spürst eine Freude über diese Leichtigkeit, die dich bis in die Fingerspitzen erfüllt. Du bist froh, du bist glücklich. Du

bist mir dankbar dafür, daß ich dir geholfen habe, Abstand von deinen Problemen zu gewinnen, deine Sorgen zu vergessen und dich daran zu erinnern, daß es in deiner Seele so etwas wie grundlose Freude am Leben gibt.

Und jetzt, da dein Bewußtsein wie ein klarer blauer Himmel an einem schönen Frühlingstag geworden ist, kannst du mal nebenbei einen Blick auf die Uhr werfen und feststellen, daß mein Essen seit einer Viertelstunde überfällig ist! Nur weil du in irgendwelchen Problemen versunken warst.

Also Mensch, steh jetzt auf und kümmere dich um die wirklich wichtigen Dinge: Gib mir endlich was zu futtern!

*Wenn keine Schönheit,*
*keine Freude und kein Glück*
*tief in dir selbst,*
*in deiner eigenen Seele sind,*
*wirst du sie nirgendwo*
*auf dieser Welt finden.*

*Besser,*
*du lebst allein,*
*als mit einem Menschen,*
*der dir mehr nimmt,*
*als er dir gibt.*
*Glück und Freude leben*
*nur im Gleichgewicht*
*zwischen Geben und Empfangen.*

## DER GELBE STRANDKORB

Cuxhaven im Sommer. Leichtfüßiges Flanieren auf der Strandpromenade. Die gute Seeluft. Tiefes Durchatmen. Viva la vida!

Da entdecke ich ihn: ein knallgelber Strandkorb auf einer Wiese. Allein auf weiter Flur. Ein irritierender Anblick.

Gleich dahinter das Meer. Ruhig und endlos.

Die Sitzfläche des Strandkorbs ist hochgeklappt, die

gelben Bretter wirken abweisend. Niemand soll, niemand kann in ihm sitzen. Er ist in jeder Hinsicht verschlossen.

Und scheint an nichts zu denken.

Doch der Schein trügt, wie so oft.

Denn als ich genauer hinhöre, trägt der Meereswind seine Gedanken zu mir hinüber.

# ALLEIN AUF WEITER FLUR

Normalerweise findet man mich in Herden. Zumindest in Gruppen. Wir Strandkörbe sind eine gesellige Spezies. Wo einer von uns ist, da ist der nächste nicht weit. Aber ich stehe ganz allein. Ich bin ein Außenseiter, ich stehe am Rand der Gesellschaft. Und seltsamerweise auch noch auf einer Wiese und nicht an einem Strand.

Strandkörben genügt es im allgemeinen, einfach so dazustehen und sich von Menschen besitzen und besetzen zu lassen, jahraus jahrein. Mir reicht das nicht. Mein Dasein muß einen höheren Sinn haben, als ständig wechselnden Menschen als Sitzgelegenheit und Windschutz zu dienen. Das kann doch wohl nicht alles sein!

Ich habe Ansprüche an mein Leben. Ich möchte die Sprache des Windes lernen. Ich habe Hoffnungen und Sehnsüchte. Und deshalb meiden mich die anderen Strandkörbe. Sie haben Angst, ich könnte sie

anstecken mit meinen Träumen und aus ihrer ober-
flächlichen Zufriedenheit mit ihrem langweiligen Leben aufschrecken. Und ich meide sie, weil sie mir mit
ihrer ängstlichen Oberflächlichkeit mehr nehmen,
als sie mir geben. Ich kann mit ihnen nicht vernünf-
tig reden. Sie verstehen mich nicht, und ich verstehe
sie nicht. Sie ziehen mich mit ihrer geistigen Stumpf-
heit runter, saugen die Farbe
aus meinen Träumen,
hängen Gewichte an
meine schwerelosen
Gedanken.

So stehe ich hier al-
lein auf weiter Flur.
Ich ziehe das Allein-
sein einer nichtssa-
genden, hohlen Ge-
selligkeit vor.

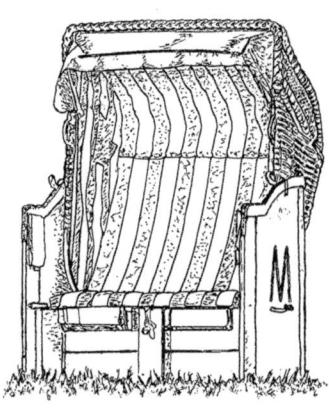

Das hat irgendwo auch etwas Trauriges. Trotzdem würde ich nicht mit einem normalen Strandkorb tauschen. Es ist für mich besser, allein zu sein. Außerdem bin ich ja nicht wirklich allein, denn ich habe meine Träume und bin mein eigener Freund.

*Unsere Träume,*
*unsere Sehnsüchte*
*und bunten Hoffnungen*
*wollen ernst und wichtig*
*genommen werden.*
*Wer sie verdrängt,*
*unterdrückt das Beste in sich*
*und wird ein hohler Mensch.*

*Kulissen geben oft nicht preis,*
*was sich hinter ihnen verbirgt.*
*Es kommt darauf an,*
*sie zu durchblicken.*
*Viele Chancen werden verpaßt,*
*weil sie nicht als solche*
*erkannt werden.*

## DAS EICHHÖRNCHEN IN DER WOHNSTRASSE

Eine Wohnstraße mit Mietshäusern. Keine besonders ansprechende Architektur.

Aber die Vorgärten fallen ins Auge. Eingerahmt von kniehohen Mauern aus Steinen, denen man die Jahrzehnte ansieht. Gepflegter Rasen mit Gänseblümchen und Rhododendronbüschen und liebevoll angelegte Blumenbeete. Und vor allem hohe Bäume. Rotbuchen, Kastanien, Hängebirken. Die

Vorgärten und die Bäume geben der Straße Leben, Ausstrahlung, Farben.

Und offensichtlich sind sie interessant für Tiere, die ich hier nicht erwartet hätte.

Ein Eichhörnchen krallt sich kopfüber an der Rinde einer prächtigen Birke fest und schaut mich interessiert aus seinen wachen Augen an. Flüchtet nicht vor mir, obwohl ich keine fünf Meter von ihm entfernt stehe.

Den Anblick muß ich festhalten! Mit langsamen Bewegungen hebe ich meine Kamera vor meine Augen und photographiere den putzigen Vorgartenbesucher. Und plötzlich kann ich hören, was in seinem niedlichen Kopf vorgeht!

# GEHEIME GEDANKEN

Aha! Der ist immer noch da! Mit diesem komischen kleinen Kasten vor seinem Gesicht, mit dem er zu verewigen versucht, was er noch nicht einmal so richtig bewundert hat: mich. Er sollte das aber, denn ich bin gleich weg.

Wie heißt dieses Ding noch mal, mit dem er herumhantiert? Ich glaube, die Menschen nennen es Photoapparat. Damit machen sie Bilder von Augenblicken, an die sie sich erinnern wollen. Ich weiß zwar nicht, wo da der Sinn liegt, denn man lebt ja vorwärts und nicht rückwärts. Aber was die Menschen so tun, hat ja nicht immer Sinn.

Ich glaube, jetzt hat er mich photographiert. Er grinst nämlich so zufrieden. Nun kann er sich sein Leben lang an diesen Augenblick erinnern, indem er sich das Bild von mir anschaut, auf dem ich hinter einem Baumstamm hervorluge und mir so meine Gedanken mache. Die sieht man allerdings nicht auf dem Photo, man sieht nur die Oberfläche des Augenblicks. Die Gedanken bleiben mein Geheimnis.

Daß ich hier und jetzt das alles preisgebe, liegt daran, daß heute ein wunderschöner Sommertag ist, der mich übermütig macht. Was man mir vielleicht ansieht.

Jetzt aber nichts wie weg, bevor ich noch mehr ausplaudere!

Gleich bin ich verschwunden, und er hat nur ein Photo von mir. Wann hat man schon die Chance, ein Eichhörnchen mitten in der Stadt aus der Nähe zu sehen? Wir sind scheu.

Mich selbst hat er gar nicht richtig gesehen. Nicht mit den Augen der Seele. Ich verstehe nicht, daß es ihm wichtiger war, ein Photo von mir zu machen, als mich zu betrachten – als mir wirklich zu begegnen. Vielleicht wäre ich dann auch noch etwas länger geblieben.

*Wer die Augen*
*seiner Seele*
*geschlossen hält,*
*geht an den*
*größten Chancen*
*seines Lebens vorbei,*
*ohne mit der*
*Wimper zu zucken.*

*Müdigkeit, Mattheit,*
*ein Gefühl von Schwäche.*
*Warum darüber klagen?*
*Es ist gut so.*
*Betrachte die Schwäche*
*als eine Freundin,*
*die dich in den Schlaf schickt,*
*um dir neue Kräfte zu schenken.*

## DAS TAUBENQUARTETT

Ein schwüler Sommertag. Die Luft ist so schwer und dicht, daß man sie in Scheiben schneiden könnte, wenn man ein Luftmesser hätte. Ein Wetter, das matt und müde macht.

Ich beobachte vier Tauben auf dem Parkplatz vor der Metzgerei, der Bäckerei und dem Gemüseladen.

Stehen da so rum, gehen keinen Schritt vorwärts oder rückwärts und wirken einfach nur gelangweilt.

Ich betrachte das Taubenquartett eine Weile, doch mich empfinden sie offensichtlich auch als langweilig.

Plötzlich höre ich leise Vogelstimmen und spitze meine Ohren.

Mein Eindruck hat mich nicht getrogen. Die gefiederten vier Freunde sind tatsächlich absolut gelangweilt. Ihre müde und matt wirkenden Stimmen schleppen sich träge und lustlos durch die heiße Sommerluft zu meinen geistigen Ohren.

## LANGEWEILE

Was für ein öder Tag! Ich habe absolut zu gar nichts
Lust! Der alte Schwung ist hin!

Das muß am Wetter liegen. Ich könnte auch im Stehen einschlafen. Was für ein langweiliger Tag! Da
liegt das gewisse Nichts in der Luft.

Guckt mal, da links!

Was ist denn da?

Gar nix. He he he! Reingelegt!

Sehr witzig!

Hab doch nur versucht, die Stimmung zu heben!

Ist dir nicht wirklich gelungen, Kumpel!

Also, was machen wir jetzt?

Irgendwie fällt mir nichts ein. Bin so müde im Ge-
hirn.

Auf den Baum da fliegen, ins Leere starren und ein
bißchen sinnlos rumgurren?

Ach nee, ich bin zu faul zum Fliegen. Mich strengt ja
schon das Gehen an.

Ist wirklich ein echt lahmer Tag heute.

Gibt so Tage. Da muß man durch!

Und was machen wir jetzt?

Keine Ahnung. Sag du es uns!

Ich weiß auch nicht! Warten, bis ein Mensch kommt und uns verscheucht?

Und dann?

Keine Ahnung. Laß uns doch einfach gar nichts tun! Muß doch nicht immer was los sein! Ist doch auch schön, einfach mal nichts zu tun.

*Einfach dasein genügt.*
*Das Leben benötigt*
*keine äußere Aktivität,*
*um sich zu entfalten.*
*In scheinbarem Nichtstun*
*liegt höchste Lebendigkeit.*

*Man ist so lange*
*in einen Menschen verliebt,*
*wie man sein Ich vergißt,*
*weil das Du so beglückt.*

## DIE ROTGESICHTIGE ERNTEPUPPE

Fischerhude. Eins der schönsten Dörfer in der Umgebung von Bremen. Wo an manchen Orten die Zeit vor Jahrzehnten stehengeblieben ist. Leerstehende Ställe, die so altersschief sind, daß man sich fragt, warum sie überhaupt noch stehen. Auf Schritt und Tritt idyllische Sehenswürdigkeiten. Alte Fachwerkhäuser und Bauernhöfe mit richtigen Erntepuppen, einer männlichen und einer weiblichen.

Eigentlich mag ich keine Erntepuppen. Aber diese junge Dame mit ihrem dicken runden Kopf, der viel zu schmalen, eckigen Nase, den roten Pausbäckchen und den noch roter bemalten Lippen hat etwas.

Unwillkürlich bleibe ich vor ihr stehen und blicke ihr tief in die Augen. Sie trägt einen blumenverzierten lustigen Strohhut, unter dem ihr die strohigen Haare über die Augen fallen, und hat sich mit einer schikken Halskette geschmückt.

Sie sieht so aus, als hätte sie sich verliebt.

Mein Eindruck stimmt, denn unverhofft läßt sie mich in ihren Kopf und in ihr Herz schauen. Sie ist tatsächlich bis über beide Ohren verliebt! Und sie hat einen Plan.

## MEIN PLAN

Ich werde schon rot, wenn ich nur an ihn denke.
Ach, er ist einfach göttlich!

Silvia sagt, er will später noch auf die Party kommen.
Deshalb habe ich mich auch ein bißchen mehr als
üblich gestylt, um ihm ins Auge zu fallen. Denn heute muß es klappen, heute muß ich ihn endlich ansprechen. Mich wird er garantiert nicht ansprechen.
Er kann ja jede kriegen, warum sollte er gerade mich
wollen.

Ja, warum eigentlich? Weil ich ihn verdient habe,
sage ich jetzt mal ganz selbstbewußt. Manche Män-
ner muß man zu ihrem Glück zwingen. Heute über-
nehme ich die Initiative!

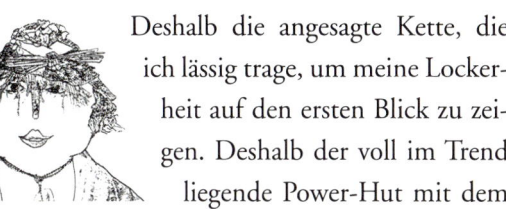

Deshalb die angesagte Kette, die
ich lässig trage, um meine Locker-
heit auf den ersten Blick zu zeigen. Deshalb der voll im Trend
liegende Power-Hut mit dem

Flower-Top, den ich absolut toll finde. Ich wette, keine Frau auf der Party kann mit einem solchen Hut punkten. Der wird seinen Blick magisch anziehen.

Der Hut wiederum bringt meinen bewußt wilden Pony gut zur Geltung. Wenn sein Blick daran hängenbleibt, und das wird er, puste ich mir mit hollywoodreifer Lässigkeit die Haare aus der Stirn und werfe ihm einen Blick zu, der ihn weghaut. Aber sowas von! Wie vom Blitz getroffen wird er mich anstarren, verloren und willenlos im Sog meines Blickes. Dann werde ich ganz langsam, jeden Schritt total genießend, auf ihn zugehen und erst stehenbleiben, wenn unsere Lippen sich fast berühren.

Und jetzt werde ich die Worte sagen, die sein und mein Leben für immer verändern.

Ich lege sie mir ganz bewußt nicht zurecht. Man muß wissen, wo man aufhören muß mit dem Planen. Was ich in diesem großen Augenblick sage, soll aus dem

Gefühl des Augenblicks entstehen, ohne mentalen Spickzettel, damit es ganz wahr und echt ist.

Und wenn mir nichts einfällt? Tja – dann muß er was sagen. Das kann ich ihm ja sagen, wenn mir nichts einfällt. Oder ist das jetzt schon zu sehr geplant?

*Möchtest du sehen,*
*schließ die Augen.*
*Willst du gewinnen,*
*laß das Kämpfen sein.*
*Möchtest du träumen,*
*hör auf zu schlafen.*
*Willst du fliegen,*
*laß dich fallen.*

*Höre immer*
*auf deine innere Stimme,*
*wenn du den Weg gehst,*
*der dich ans Ziel*
*deiner Wünsche bringen soll.*
*Und wenn du dich*
*manchmal einsam fühlst,*
*erinnere dich daran,*
*daß du dein eigener Freund bist.*

## EINE BURGUNDISCHE KUH
## AUF WEITER FLUR

Das schöne Burgund. Ein Dorf, so klein, daß es keine Polizeistation und nicht mal einen Tante-Emma-Laden hat. Eine weiße Kuh, typisch für diese Gegend. Steht da malerisch auf einer Wiese, nicht weit entfernt von einem Waldrand mit Nadelhölzern. Schaut mich an und rührt mich.

Kühe rühren mich oft mit ihren Blicken, vor allem burgundische Kühe. Ich weiß nicht, woran es liegt, aber sie liegen mir. Am liebsten würde ich sie alle vor dem Schlachter retten, der sich bestimmt nicht von ihren treuen, sanften Blicken rühren läßt.

Die Kuh hat ein Problem, das ist nicht zu übersehen. Sie steht allein dort auf der Wiese und leidet.

Obwohl ich bestimmt zwanzig Meter von ihr entfernt stehe, empfange ich ihre Gedanken klar und deutlich.

# EINSAMKEITSANFALL

Manchmal überkommt mich so ein Gefühl der Einsamkeit. Wie ein Blitz aus heiterem Himmel. Zack, plötzlich ist es da, erwischt mich kalt auf weiter Flur, und auf einmal schmeckt mir das Gras nicht mehr. Plötzlich frage ich mich, was das alles soll, und mein Leben erscheint mir wie ein chaotischer Traum, der keinen Sinn ergibt und immer mehr ins Vergessen fließt wie Milch in ein endloses schwarzes Loch.

Meine Mitkühe nennen mich halb spöttisch, halb respektvoll *Die Philosophin*, weil ich ein paarmal den Fehler gemacht habe, in ihrer Gegenwart laut zu denken. Seitdem halten alle ein bißchen Abstand von mir, als hätte ich eine ansteckende Krankheit. Sie fürchten sich offenbar davor, daß ich sie mit meiner Nachdenklichkeit anstecke, denn sie denken nicht gerne nach.

Fressen, kauen, wiederkäuen, wieder fressen, kauen, wiederkäuen, ab und zu mit dem Schwanz nach Fliegen schlagen, ein paar gemächliche Schritte gehen, Fladen setzen, muhen, Wasser trinken, muhen, schlafen, erwachen – und wieder fressen, kauen, wiederkäuen. Und so weiter, jahrelang. Einfach so, ohne sich zu fragen, was das alles soll.

Ich kann das nicht. Ich suche nach dem Sinn meines Lebens. Und der kann doch nicht darin bestehen, jeden Tag dasselbe zu machen, dasselbe zu erleben, also so gut wie gar nichts. Und auf den Moment zu warten, wenn der Bauer mich abholt. Wie er all die anderen Kühe abgeholt hat, wenn ihre Zeit gekommen war. Noch nie ist eine einzige Kuh zurückgekehrt. Man braucht nicht viel Phantasie, um zu erkennen, was das bedeutet.

Manchmal beneide ich die anderen Kühe, die gar nicht auf den Gedanken kommen, sich Gedanken über ihr Leben zu machen. Sie wirken irgendwie so unbeschwert, so sorglos. Und trotzdem möchte ich nicht mit ihnen tauschen, auch wenn meine Einsamkeit mir manchmal ganz schön zu schaffen macht. Wie gerade jetzt! Wenn ich doch wenigstens eine Kuh hätte, die sich die gleichen Fragen stellt, die ich mir stelle. Mit der ich mal ein tieferes Gespräch führen kann. Aber weit und breit nur Oberflächlichkeit. Gut, daß ich aus Erfahrung weiß, daß dieser Einsamkeitsanfall vorübergeht, wie jeder Anfall. Und wer weiß, vielleicht finde ich eines Tages eine Antwort auf meine bohrenden Fragen nach dem Sinn des Lebens. Ich hoffe es doch sehr.

*Wenn es einen Sinn*
*in unserem Leben gibt,*
*dann kann er doch nur darin bestehen,*
*aus dem Dunkel ins Licht zu gehen,*
*aus der Schwere in die Leichtigkeit,*
*aus der Sehnsucht in die Erfüllung.*

*Der erste Blick*
*kann sehr viel sagen.*
*Doch man kann zum Glück*
*auch einen zweiten wagen.*
*Und was der manches Mal verrät,*
*ist das, was wirklich vor sich geht.*

## DER BERNHARDINER UND DAS MÄDCHEN

Ein schöner Sommertag.

Am Rand des Blumenmarkts in der Bremer Innenstadt fallen sie mir ins Auge: der Bernhardiner und das Mädchen.

Sie mag acht, neun Jahre alt sein, kniet auf dem Kopfsteinpflaster, hält in der linken Hand eine Waffel mit zwei Kugeln Eis und in der rechten die Pfote des Bernhardiners.

Ein rührendes Bild, zumindest auf den ersten Blick.

Der Mensch und sein bester Freund, verbunden durch eine possierliche Geste. Wie niedlich!
Doch wie so oft trügt auch hier der Schein. Denn was aus dem Bewußtsein des Hundes an meine geistigen Ohren dringt, läßt die vermeintliche Idylle in einem ganz anderen Licht erscheinen.

# ICH GEBE GERN PFÖTCHEN

Ich gebe gern Pfötchen. Jaha, das mache ich gern und gut. Ich bin nämlich lieb und zeig dir gern, was ich gelernt habe, junges Frauchen. Bin ich nicht goldig? So groß und dabei so wohlerzogen. Ich gefalle dir gern, das ist nun mal meine Natur.

Obwohl – wenn ich ganz ehrlich bin, hoffe ich schon auf eine kleine Belohnung. Es ist ganz schön heiß heute, und wenn man ein so dickes Fell hat wie ich, ist es besonders heiß. Furchtbar heiß. Unerträglich heiß.

Du hast kein dickes Fell, junges Frauchen. Dir ist bestimmt nicht so heiß wie mir. Und trotzdem schleckst du das göttliche Eis, nicht ich! Das ist ungerecht, aber so eine Ungerechtigkeit zu erfahren, ist das Los eines Hundelebens.

Siehst du denn nicht, wie ich dich anflehe? Gib schon! Worauf wartest du? Das Eis schmilzt schon!

Wenn du so weitermachst, haben wir beide nichts davon.

Du guckst mich an und grinst. Ich weiß, was dieses Grinsen zu bedeuten hat. Diese Situation hatten wir schon oft genug. Du glaubst wohl, daß ich das vergessen habe. Aber ich habe daraus gelernt! Meine

Chancen liegen bei zehn Prozent, maximal bei zwanzig. Wenn alles normal läuft, wirst du dein Eis vor meinen Augen seelenruhig aufessen.

Wie dumm würdest du wohl aus der Wäsche schauen, wenn ich dir jetzt ruckzuck die Waffel aus der Hand schnappe und sie mir schneller reinziehe, als du gucken kannst!? Happ und weg! He he he! Eine herrliche Vorstellung! Wenn ich ganz ehrlich bin, ist es genau das, was ich aus dem tiefsten Grund meiner Hundeseele heraus tun will!

Du hast ja keine Ahnung, wer ich wirklich bin. Für dich bin ich nur der treue liebe Bernhardiner, den du veräppeln kannst und der sich trotzdem immer wieder Mühe gibt, für nichts und wieder nichts.

Ich seh es an dem spöttischen Funkeln in deinen Augen. Du wirst dein Eis allein zu Ende essen, hundertprozentig, und ich guck mal wieder in die Röhre. Herrje, ist das ein Hundeleben!

Ach, was soll's. Immer schön locker und gelassen bleiben! Schließlich weiß ich aus Erfahrung: Wer geduldig ist, für den fällt letztlich immer etwas ab.

*Zu den wichtigsten Fähigkeiten,*
*die es im Leben zu erwerben gilt,*
*zählt die Gelassenheit.*
*Hat man sie einmal*
*tief in sich verankert,*
*ist sie eine Hilfe,*
*die man nicht mehr missen möchte.*

*Die Dinge und die Wesen*
*sind voller geheimem Leben.*
*Manche haben uns*
*viel zu sagen, viel zu geben.*
*Wir können uns mit ihnen austauschen,*
*wenn wir ihnen mit dem Herzen lauschen.*

# DIE KUH HAT EIN PROBLEM

Tief im Herzen Burgunds gehe ich vor den Toren eines Dorfes spazieren.

Bewölkter, aber trotzdem freundlicher Himmel. Sanfte Hügel, kleine Waldstücke und große weite Wiesen. Die Luft riecht gut und ist klar. Hier ist die Welt noch in Ordnung.

Denke ich zumindest, bis ich die weiße Kuh entdekke, die mich so anschaut, als wollte sie mir etwas sagen. Alle Kühe hier in Burgund sind weiß, aber nicht alle wollen mir etwas erzählen.

Ich merke, daß die Kuh ein Problem hat. Daß ihr etwas auf der Seele liegt.

Sprich zu mir, denke ich, ich bin ganz Ohr.

Sie nickt sanft, als hätte sie meine von Herzen kommende Ermutigung gehört. Und sie vertraut sich mir an.

# ICH KANN IHR NICHT
# LANGE BÖSE SEIN

Wir hatten einen Streit, wegen nichts und wieder nichts. Und ich tue so, als sei ich noch immer sauer auf sie. Hab sie einfach da hinten stehen lassen, zeige ihr meine Flanke und lasse sie schmoren.

Ich spüre, daß sie mich traurig anschaut. Am liebsten würde sie zu mir kommen und sich wieder mit mir vertragen. Immerhin sind wir seit Jahren die dicksten Freundinnen.

Aber sie traut sich nicht. Hat Angst, daß ich mich noch nicht wieder gefangen habe. Ich habe sie auch ganz schön angemuht. Manchmal geht das Temperament halt mit mir durch.

Ja, ich war unfreundlich und lieblos zu ihr. Dabei mag ich sie, wie man seine beste Freundin nur mögen kann. Sie hat die schönste Seele der Welt. So sanftmütig, so lieb. Sie hat nichts Böses in sich. Selbst wenn man ihr Unrecht tut, wird sie nicht gemein, sondern nur traurig und ein bißchen ängstlich. Und das hasse ich, wenn ich spüre, daß sie Angst vor mir hat. Da fange ich an, mich selbst nicht mehr zu mögen. Ich muß mich unbedingt in dieser Hinsicht bessern. Solche Szenen sollen zwischen uns nicht mehr vorkommen. Es ging mal wieder um so gut wie gar nichts. Ich bin wohl einfach mit dem falschen Huf aufgestanden heute und habe einen Sündenbock für meine miese Stimmung gesucht. Ein Wort gab das andere, und schon hab ich sie traurig gemacht.

Ich halte das nicht mehr lange aus! Dieses sinnlose Schmollen! Was stehe ich hier rum, gucke Löcher in die Luft und spiele die beleidigte Leberwurst! Ich kann ihr doch nicht lange böse sein. Und ich habe auch keinen wirklichen Grund dazu.

Wie sie da so einsam und verlassen steht! Ich spüre, sie hofft, daß ich bald zu ihr gehe, und alles ist wieder gut. Ja, und das werde ich jetzt auch tun, mich umdrehen und zu ihr gehen, ihr ein Lächeln schenken und mich mit ihr vertragen.

Ich hasse unsere überflüssigen Auseinandersetzungen, ich hasse meinen hohlen Stolz und meine rindviehische Sturheit. Damit ist jetzt Schluß! Heute, morgen – und hoffentlich für immer.

*Verlaß dich in der*
*Liebe und Freundschaft*
*auf dein Gefühl,*
*nicht auf deinen Verstand.*
*Der Verstand zerstört gern,*
*was er nicht versteht –*
*und er versteht*
*das Wesentliche nicht.*

*Hinter den Kulissen*
*des Alltäglichen*
*sind kleine Wunder versteckt,*
*die auf glückliche Finder warten.*

## DIE MASKE AM WERDERSEE

Die Maske auf einer Wiese am Werdersee. Kunst im
öffentlichen Raum, nicht weit entfernt vom Ufer.
Völlig schiefe Augen, anderthalb Zähne im Mund.
Ein häßlicheres Gesicht muß man lange suchen.
Ganz aus Holz geschnitzt, vielleicht einsfünfzig hoch
und einen Meter breit. Festgeschraubt an einen Pfahl
aus Metall, damit niemand auf die Idee kommt, sie
mitzunehmen und sein Zuhause mit ihr zu schmük-
ken. Es gibt ja viele Leute, die solche Kunst mögen.
Die Stirn, die Nase und die Wangen sind durch
Wind und Wetter schon ein bißchen grün geworden.
Auf dem haarlosen Kopf hat ein Vogel seine weiße

Hinterlassenschaft gesetzt, die wohl nicht mehr ohne weiteres zu entfernen ist.

Je länger ich dieses Gesicht betrachte, desto mehr tritt seine Häßlichkeit in den Hintergrund. Und etwas völlig Unverhofftes passiert: Die Maske teilt sich mir mit! Und was sie mir sagt, ist einfach wunderbar!

# DIE HOFFNUNG
## EINER SCHÖNEN SEELE

Weiß Gott, ich bin nicht der Schönste. Ich habe nur noch anderthalb Zähne, meine Augen stehen schief, ich kam schon mit einer Glatze zur Welt. Mit den Jahren ist mein Gesicht immer grüner geworden, und den Mist, den ein respektloser Vogel keckernd auf meinem Schädel hinterlassen hat, wird selbst der heftigste Regen nicht mehr wegspülen. Er ist ein Teil von mir geworden, und das macht es nicht gerade leichter für mich, mit der permanenten Herausforderung des Lebens umzugehen.

Ich werde immer ein Opfer der bequemen menschlichen Vorliebe bleiben, von der Wahrnehmung des Äußeren auf das Innere zu schließen. Meine Tragik besteht darin, daß ich potthäßlich aussehe, aber eine schöne Seele habe.

Ich liebe die Musik des Windes und die Poesie des Regens. Ich kann keiner Fliege etwas zuleide tun.

Könnte, muß ich korrekterweise sagen, weil mir die Hände fehlen, um eine Fliege zu erschlagen. Ich bin nur ein Gesicht, bei dem der Schein in besonders hohem Maße trügt.

Dem Vogel, der mich gezeichnet hat, habe ich längst verziehen. Ich kann niemandem länger als ein paar Minuten böse sein. Es ist mein Schicksal, mit diesem Schandfleck zu leben und Passanten über mich spotten zu hören, wie kürzlich: „Guck dir den Kopf da an! Der sieht auch ohne Vogelklecks schon übel genug aus!"

Hunderte von Menschen gehen seit Jahren täglich an mir vorüber, aber bislang hat niemand über mich gesagt: „Sieh mal, was für eine schöne Seele!"

Letzte Woche fing ein kleines Mädchen zu weinen an, als es mich sah.

Mein Anblick hatte sie offenbar erschreckt. Das hat mir sehr wehgetan. Den ganzen Tag habe ich darunter gelitten. Das war noch schlimmer, als täglich die Kosenamen zu hören, die Passanten mir im Vorbeigehen geben: Quasimodo. Zahnfee. Wiesenschande. Frankenstein. Monsterkopf. Und so weiter.

Nicht weit von mir, ein Stück näher am Ufer des Werdersees, steht ein Drache. Er ist wie ich aus Holz, sieht alles andere als schön aus und wurde von demselben Künstler geschnitzt, der auch mich erschaffen hat. An diesem Lindwurm laufen täglich mindestens ebenso viele Menschen vorbei wie an mir, aber niemand sagt etwas Beleidigendes oder Abfälliges über ihn, niemand gibt ihm spöttische Kosenamen. Das ist Salz in meine Wunden!

Ich glaube dennoch an das Gute im Menschen. Ich weiß, eines Tages wird einer stehen bleiben und mich

lange betrachten, während sein Lächeln immer stär-
ker wird, bis er schließlich zu mir sagt: „Ich habe
durch die Fassade deines Gesichtes gesehen und eine
schöne Seele entdeckt."

Von diesem Moment träume ich schon mein ganzes
Leben lang. Eines Tages wird er kommen! Das weiß
ich ganz tief in meiner Seele.

*Wirklich reich ist,*
*wer mehr Träume*
*in seiner Seele hat,*
*als die Realität*
*zerstören kann.*

*Geh mit offenen Augen*
*durch die Welt*
*und laß deine Phantasie spielen!*
*Und du wirst vieles sehen*
*und so manches Schöne fühlen.*

# Ein
## kontaktfreudiges Pferd

Ein kleiner Bauernhof am Rand eines französischen Dorfes. Eine in Sonnenlicht getauchte Idylle. Alte Gebäude, an deren Fassaden die Zeit ihre Spuren hinterlassen hat, die heute an diesem Sommertag sehr langsam zu vergehen scheint.

Ein Vogel zwitschert, ein Windstoß läßt die Blätter des Baumes am Wegrand rauschen. Ansonsten herrscht herrliche, wohltuende Stille. Ich frage mich nicht zum ersten Mal, warum ich eigentlich nicht auf dem Land lebe.

Als ich am Stall vorbeispaziert bin, komme ich zu einer Wiese. Auf ihr stehen ein Esel, der seine Ruhe haben will, und ein kontaktfreudiges Pferd, das sofort zu grasen aufhört und sich in Bewegung setzt, als es mich entdeckt.

Die Haare fallen ihm verwegen über die Augen. Es läuft mit eleganten Schritten auf mich zu und lächelt mich mit funkelnden Augen unternehmungslustig an. Ein wirklich schönes Pferd mit einer tierisch guten Ausstrahlung. Ich muß unwillkürlich lächeln und freue mich über diese unverhoffte Begegnung.

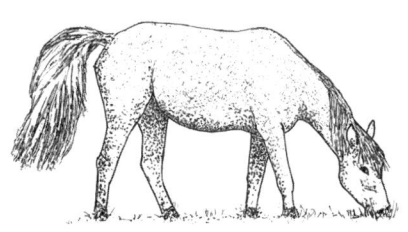

Offensichtlich ist es ein Pferd, das Menschen mag. Vielleicht mag es auch mich. Wahrscheinlich bringe ich nur eine willkommene Abwechslung in seinen Alltag.

Wie auch immer, es bleibt auf der anderen Seite des schulterhohen Zauns stehen, schaut mich freundlich aus seinen großen Augen an und nickt mehrmals mit seinem Kopf, als wollte es mich zu irgendetwas ermutigen oder auffordern.

Ich schaue in seine Augen – und plötzlich verstehe ich, was es mir sagen will.

# AUS DEM ALLTAG AUSBRECHEN

Hallo Mensch! Schön, daß du vorbeikommst. Ist nämlich nicht viel los hier heute. Eigentlich gar nichts. Und diese Weide hier ist nur ein sehr kleines Stück von der Welt.

Hast du vielleicht Lust auf einen kleinen Ausritt? Ist zwar nicht ganz legal, aber das muß ja keiner mitkriegen. Ich brauche unbedingt Bewegung! Ich weiß kaum noch, wohin mit meiner ganzen Pferdestärke! Ich will ein bißchen Spaß haben, das ist doch nicht zuviel verlangt, oder?

Laß uns doch einfach ins Blaue reiten, oder von mir aus ins Grüne – oder noch besser ins Bunte! Ja, laß es uns bunt treiben! Die Bäuerin ist in der Stadt auf dem Markt – und der Bauer macht Mittagsschlaf. Wir reiten ein bißchen ziellos in der Gegend herum. Einfach so. Du mußt nur den Riegel des Tors zur Seite schieben – dann komme ich heraus. Bevor der Bauer merkt, daß ich nicht da bin, sind wir schon wieder zurück!

Ich träume oft davon, spontan aus dem Alltag auszubrechen. Einfach alles liegen und stehen lassen und fröhlich in die Welt hinauslaufen! Wenn man schon morgens weiß, wie der Tag bis zum Abend verlaufen wird – wo bleibt da die Freude, wo bleibt da das Abenteuer?

Schau dir den Esel dort hinten an! Macht Tag für Tag dasselbe und ist zufrieden damit. Das mag ja schön für ihn sein, aber auf mich wirkt er nur halb lebendig. Ich möchte nicht so werden wie er.

Und deshalb muß ich ab und zu aus dem Alltag flüchten und irgendwas Verrücktes tun. Zum Beispiel mit dir ein bißchen durch die Gegend reiten, die Bewegung genießen und Spaß an der Freude haben.

Wir leben nur einmal. Ist doch so. Und wir sollten Freude an unserem Leben haben!

Na, wie sieht es aus mit einem kleinen Ausritt? Hast du Lust? Traust du dich?

*Träume öffnen Räume*
*in die Freiheit*
*langersehnter Gefühle.*
*Sie lenken unsere Schritte*
*auf den Weg zu*
*immer höheren Spielarten*
*der Freude am Leben.*

*Offen und lebendig*
*bleibt der Mensch,*
*der sich mit*
*dem bunten Schirm*
*neugieriger Lebenslust*
*gegen den Regen*
*der Routine schützt.*

# DIE WEISHEIT
# DER GARTENZWERGE

Der Regen hat mich nicht überrascht bei meinem Spaziergang durch die Schrebergärten. Ich hatte ihn einkalkuliert und einen Regenschirm mitgenommen. Es macht Spaß, im Regen zu spazieren und dem Prasseln der Tropfen auf den Schirm zu lauschen. Es vermittelt ein Gefühl der Geborgenheit.

Außer mir ist keine Menschenseele weit und breit. Niemand geht gern im Regen.

Unter einem Rhododendronbusch haben sich etwa zwanzig Gartenzwerge nebeneinander gestellt, um nicht bis auf die Haut durchnäßt zu werden. Die meisten tragen ihre lustigen, zum Himmel emporragenden Zipfelmützen. Sie sehen putzig und fröhlich aus, wie sie da in einer Reihe stehen und mich anschauen. Sie verbreiten eine so gute Laune, daß ich unwillkürlich stehenbleibe und sie mit einem Lächeln betrachte.

Und plötzlich höre ich ihre Stimmen! Erst leise, wie ein Flüstern des Grases, dann immer lauter und deutlicher.

## DIE EUPHORIE
## DER REGENWÜRMER

Versteht ihr, warum die meisten Menschen ein Gesicht wie zehn Tage Regenwetter machen, wenn es mal einen Tag lang regnet?

Na ja, sie werden nicht gerne naß.

Ja, aber sie können sich unterstellen, wie wir es tun. Dabei rückt man enger zusammen, kommt sich näher, und es ergibt sich spontan ein schöner Gedankenaustausch. Außerdem freuen sich alle Pflanzen über den Regen. Spürt ihr nicht auch die Freude des Rhododendrons darüber, daß seine Wurzeln endlich mal wieder ordentlich Wasser saugen können? Spürt ihr die Erleichterung der Schnecken und die Euphorie der Regenwürmer?

Klar spüren wir das. Schön hast du das gesagt!

Danke! Regen ist wohltätig und nützlich. Regen ist gut und schön. Ohne ihn würden alle Pflanzen und Bäume sterben und die meisten Lebewesen verdursten.

Es wird höchste Zeit, daß die Menschen eine positivere Haltung gegenüber dem Regen einnehmen.

Ja, da hast du recht.

Außerdem hat so ein Regen auch was Gemütliches. Man lauscht dem Prasseln der Regentropfen auf das Blätterdach und ist glücklich darüber, daß man einen trockenen Platz hat. Kurz und gut: Ich verstehe beim besten Willen nicht, warum der Regen einen so schlechten Ruf bei den Menschen hat. Man braucht uns nur zu sehen, wie wir hier stehen, und man würde auf den ersten Blick erkennen, wie wohl wir uns fühlen, wie glücklich wir sind über den Regen.

Du meinst also, die Menschen mögen den Regen deshalb nicht, weil sie eine negative Einstellung ihm gegenüber haben?

Genau! Die Haltung, mit der man etwas betrachtet, hat großen Einfluß darauf, wie man es empfindet. Wenn man den Regen als etwas Unerwünschtes ansieht, kann man das Gute nicht erkennen, das er mit sich bringt. Wenn man ihn aber freundlich wie einen guten Freund begrüßt, kann man ihm viel Schönes abgewinnen. Und so ist es mit allen Dingen des Lebens.

*Skeptische Blicke*
*finden überall Mängel.*
*Nur vertrauensvollen Augen*
*offenbart das Leben*
*seine ganze Schönheit.*

*Das Geheimnis aller*
*Lebenskunst liegt darin,*
*das Leben nicht*
*zu ernst zu nehmen,*
*aber ernst genug,*
*wenn es ernst wird.*

## DER STIER
### AUF DER LEITER

Osterholz-Scharmbeck. Eine kleine Stadt nördlich von Bremen. Wir sind bei einem Ausflug spontan hier gelandet und in ein Stadtfest im Ortszentrum geraten.

Plötzlich schaue ich hoch und sehe den schwarzen Stier auf der horizontalen Leiter. Ein völlig abgedrehtes, surreales Bild! Die Leiter ragt in etwa zehn Metern Höhe aus dem Fenster eines viereckigen Gebäudes. Man starrt und staunt!

Das ist Kunst im öffentlichen Raum, die mir gefällt.
Weil sie verrückt, phantastisch und humorvoll ist.
Dieser auf einer waagerechten Leiter balancierende
Stier strahlt eine Leichtigkeit und Lustigkeit aus,
für die ich dankbar bin. Die Verrücktheit und Ver-
spieltheit seiner Existenz wirkt wie ein wohltuendes
Gegengewicht zur allgegenwärtigen Normalität, als
wollte sie sagen: Nimm den Ernst des Lebens nicht
allzu ernst!

Das ist Kunst, die etwas Gutes bewirkt. Kunst, die
Lebenskunst ausstrahlt.

Im Geiste lobe ich die Lokalpolitiker, die diese tierische Statue in Auftrag gegeben haben. Und natürlich den Künstler, dessen wichtige und gute Botschaft für jeden sichtbar ist, der den Blick hebt.

Doch der Stier fühlt sich überhaupt nicht wohl in seiner Situation. Ich spüre seine Unsicherheit und seine Angst, als ich einen Blick in seinen Kopf werfe.

# GUTE FRAGEN

Oh je. Oh je! Oh jemine!!! Wie bin ich bloß auf diese Leiter geraten, der auch noch eine Sprosse fehlt? Wie ist diese blöde Balancier-Stange in mein Maul gekommen? Wie ist diese Leiter bloß dahin geraten, wo sie ist? Und vor allem: Wie komme ich heil aus dieser lebensgefährlichen Nummer raus?

Fragen! Gute Fragen! Aber keine Antwort in Sicht. Jetzt bloß nicht das Gleichgewicht verlieren. Nicht nach unten gucken!

Ich kann mir das alles überhaupt nicht erklären. Es gibt Millionen von Rindern auf der Welt. Warum gerate ausgerechnet ich in diese völlig abgedrehte Situation? Das darf doch alles nicht wahr sein!

Ha, das ist die Antwort! Das *ist* nicht wahr, nicht echt, nicht real. Ich stehe hier nicht wirklich auf dieser Leiter. Ich träume das nur! Jawohl, ich habe einen Albtraum.

Das ist die einzig logische Erklärung!

Ich werde gleich aufwachen, auf einer saftigen Wiese stehen, und dann ist alles wieder gut. Ich kann es kaum erwarten, in die Wirklichkeit zurückzukommen, denn das Gefühl, hier oben zu stehen, ist alles andere als berauschend.

Um ein schnelles Erwachen zu erzwingen, sollte ich jetzt am besten springen. Ja, ich werde springen, damit der Spuk sofort ein Ende hat. Noch mal tief durchatmen. Und dann …

Hm, ich weiß nicht … Ich könnte mir die Beine brechen. Vielleicht springe ich besser doch nicht? Um auf Nummer Sicher zu gehen. Früher oder später werde ich sowieso aufwachen.

Ja, genau, es besteht kein unmittelbarer Handlungsbedarf. Ich werde das hier einfach aussitzen. Beziehungsweise ausstehen.

Oder soll ich doch springen? Es ist eine Frage des Mutes.

Ja, ich springe!
Wer nichts wagt, der nichts gewinnt.

*Mutig sein heißt,*
*keine Angst zu haben,*
*daß ein Wagnis mißlingt,*
*das man eingeht.*
*Und es heißt auch,*
*sich die Kraft zuzutrauen,*
*wieder von vorn anzufangen,*
*falls es doch mißlingt.*

*In unseren Träumen und Wünschen*
*teilen wir anderen Menschen*
*gern bestimmte Rollen zu.*
*Wenn sie sich weigern,*
*diese Rollen zu spielen,*
*sagen wir oft enttäuscht,*
*sie hätten unsere Gefühle verletzt.*
*Dabei haben sie nur*
*von ihrem Recht auf Freiheit*
*Gebrauch gemacht.*

## WER SPIELT MIT WEM?

Ein schöner Nachmittag am Stadtwaldsee. Sommer, Sonne, Freizeitwonne. Am Eingang beim großen Parkplatz steht auf einem Schild, daß das Mitnehmen von Hunden zum See verboten ist. Dieses Schild hat der Mann übersehen oder ignoriert, der mit seinem schwarz-weiß gefleckten Terrier spielt.

Er wirft einen roten Plastikball so weit wie möglich weg, und der Hund bringt ihn zum Herrchen zurück.

Guter Hund, braver Hund, ruft der Mann, dem das Spiel viel Spaß zu machen scheint. Weit mehr als dem Hund, dessen anfängliche Begeisterung deutlich nachgelassen hat.

Anstatt den Ball sofort zu Herrchen zurückzubringen, spaziert er damit nachdenklich mit erhobenem Schwanz am Rand des Sees entlang und läßt Herrchen rufen und warten. Mir stellt sich die Frage: Wer spielt hier eigentlich mit wem?

Neugierig nähere ich mich dem Terrier, versuche mich in ihn einzufühlen – und plötzlich empfange ich seine Gedanken klar und deutlich wie einen störungsfreien Radiosender.

Mein Eindruck hat mich nicht getäuscht! Der Mann ahnt es noch nicht, aber ihm steht eine herbe Enttäuschung bevor. Der Hund will die Rolle, die sein Herrchen für ihn vorgesehen hat, nicht länger spielen.

Seine Gedanken verraten mir seine Entschlossenheit, sein Leben zu ändern.

# DIE LETZTE SHOW

Warum renne ich hier eigentlich wie bescheuert mit diesem ollen Ball in meinem Maul durch die Gegend? Klar, es macht schon Spaß, ihn zu apportieren, ihn aus dem See zu fischen und hechelnd zurückzubringen, um ihn dann wieder zu apportieren und zurückzubringen, wieder zu apportieren und zurückzubringen, bis der Tierarzt kommt. Aber irgendwie mache ich mich damit auch zum Affen für mein Herrchen. Er denkt, daß es mir Spaß macht, und deshalb hat er Spaß an mir. So haben wir beide Spaß – es ist eine Win-Win-Situation.

Aber leider nur scheinbar, nur vordergründig. Nur solange ich meinen Verstand ausschalte und mich von meinem jugendlichen Übermut mitreißen lasse. Doch irgendwo in meinem Hinterkopf frage ich mich immer lauter, was ich hier eigentlich mache, wenn ich immer aufs neue diesem doofen Ball hinterherlaufe. Denn so toll ist das nicht wirklich.

Offensichtlich werde ich allmählich geistig erwachsen. Mein Horizont erweitert sich, meine Interessen verändern sich und damit mich. Ich werde bewußter, selbstkritischer und ertappe mich immer häufiger bei philosophischen Gedankengängen.

Aber gut, heute mache ich mich noch mal zum Affen für mein Herrchen. Ein allerletztes Mal.

Aber morgen ist die Show vorbei. Ein für alle Mal! Nichts mehr mit Apportieren! Was interessiert mich dieser alte muffige Ball?! Wenn es wenigstens ein saftiger Knochen wäre. Den ich natürlich nicht zurückbringen würde, hehe.

Irgendwann werde ich auf meine Jugend zurückblicken und den Kopf darüber schütteln, wie ich damals wie ein Irrer wegen eines modrig riechenden Balls durch die Gegend gerannt bin. Und ich werde milde den Kopf über den dummen Hund schütteln, der ich einmal war.

Meinem Herrchen wird meine Veränderung nicht gefallen. Ja, es wird hart für ihn sein. Aber er wird sich schon daran gewöhnen. So ist das Leben eben. Wir können nichts daran ändern, daß sich alles ändert.

*Das einzig Beständige im Leben*
*ist sein ständiger Wandel.*
*Nichts bleibt, wie es ist –*
*alles ist im Fluß,*
*alles verändert sich,*
*weil es sich verändern muß.*

*Liebe führt immer*
*ins Herz des Lebens,*
*weil sie aus dem Herz*
*des Lebens kommt.*

## DER SCHIEFE BAUM VON BREMEN

Im Bürgerpark steht er, am Ufer des Schwanenteichs: der schiefe Baum von Bremen. Ich habe noch nie einen Schwan im Schwanenteich gesehen, aber als er seinen Namen bekommen hat, lebten dort wohl Schwäne.

Jetzt tummeln sich an diesem Teich vor allem Enten, denen die Parkverwaltung ein großes rotes Entenhaus in die Mitte des Teichs gebaut hat. Auch Möwen fühlen sich dort wohl. Es ist jetzt also ein Enten-Möwen-Teich.

Das Besondere an ihm ist der schiefe Baum an seinem Ufer, der einem den Eindruck vermittelt, daß er jeden Moment der Länge nach in den Teich fallen könnte. Man fragt sich unwillkürlich, warum er sich so sehr dem Wasser zugeneigt hat. Zumindest ich habe mich das schon öfter gefragt.

Heute stelle ich mir erneut diese Frage. Vielleicht spürt der Baum mein aufrichtiges Interesse an ihm. Denn unverhofft erzählt er mir seine Geschichte – die Geschichte einer großen Liebe.

# Schief ist schön

Es fing schon in meiner Kindheit an – meine Bewunderung des wunderschönen Teichs. Der so schön war, daß ich mich schon als Baumkind unsterblich in ihn verliebt habe. Und deshalb wollte ich ihm nahe sein, so nah wie möglich. Also bin ich entsprechend gewachsen.

Das war alles andere als einfach. Denn einerseits wollte ich dem Wasser immer so nah wie möglich sein, andererseits durfte ich ihm aber nicht so nah kommen, daß ich den Halt im Uferboden verliere und in den See fallen würde. Dieser Balanceakt ist mir glücklicherweise gelungen. Ich bin nicht gefallen.

Ich falle nur den Menschen ins Auge. Sie sind von Bäumen einen geraden Wuchs gewohnt. Mich betrachten sie zumeist mit gerunzelter Stirn. Vielleicht halten sie mich für einen Baum-Freak. Einen, der nicht mehr alle Blätter an den Ästen hat. Mir egal.

Meine Haltung ist die Haltung der Liebe. Die Liebe ist etwas Wunderschönes, und ich verneige mich buchstäblich vor ihrer Schönheit. Wenn Liebe schief macht, dann ist schief schön. Ich bin eine baumgewordene Verneigung vor der Schönheit der Liebe.

Mein unterster Ast streichelt die Oberfläche des Wassers. So gut wie alle meine Äste haben sich dem See zugewandt, in dessen Wasser ich mich den ganzen Tag lang spiegele. Aber nicht in mich bin ich verliebt, sondern in den wunderschönen See, dem ich nicht aufhöre, meine Liebe zu zeigen. Ich spüre ganz tief in meinen Wurzeln, daß der Teich meine Liebe erwidert. Wahrscheinlich bin ich der schiefste Baum im Park. Vermutlich bin ich der glücklichste.

*Wir leben,*
*um glücklich zu sein,*
*um zu lieben*
*und geliebt zu werden.*

*Im scheinbar*
*grundlosem Lächeln*
*offenbart sich*
*die Natur der Seele.*

## DAS BLAUE HOLZMÄNNCHEN

Am Rand einer von Bäumen und Sträuchern um-
säumten, großen Wiese in meiner Nachbarschaft
steht eine einfach geschnitzte Holzfigur mit einem
blau angemalten Gesicht und cinem roten Käppi. Sie
sieht aus wie das Werk eines Kindes.

Wenn ich mich richtig erinnere, gab es vor ein paar
Monaten auf dieser Wiese einen Workshop in einem
großen Zelt, in dem Kinder und Jugendliche die
Kunst lernen konnten, aus Holzklötzen Figuren zu
schnitzen.

Nach Beendigung des Workshops stand ein halbes
Dutzend Figuren auf der Wiese, vermutlich die

am besten gelungenen Schnitzarbeiten der jungen Künstler. Jetzt steht nur noch das Männchen mit dem blauen Gesicht da. Und lächelt jeden an, der es bemerkt. Es ist ein liebes, kindliches Lächeln, das sich an die Welt verschenkt. Es verschönert die Atmosphäre der Wiese.

Es ist gut, daß dieses Männchen dort steht, denke ich. Es strahlt Lebensfreude aus.

Das Männchen freut sich so sehr über die Gedanken in meinem Kopf, daß es mich unverhofft die Gedanken in seinem Kopf lesen läßt.

## GIB DEM LÄCHELN
## EINE CHANCE

Ich bin blau. Es geht mir gut. So von innen heraus. Meine Seele tanzt. Ich fühle mich wie auf Wolke Sieben!

Das Leben ist schön! Zumindest mein Leben.

Schau mich an! Es geht mir gut. Ich liebe die Sonne, ich liebe den Regen. Ich liebe den Tag, ich liebe die Nacht. Ich liebe den Wind, ich liebe die Windstille.

Ich mache mir keine Sorgen. Ich bin mit allem zufrieden. Ich stehe einfach nur da und lächle den lieben langen Tag.

Ich lächle nicht, um die Welt zu verbessern. Aber vielleicht ist die Welt ein klitzekleines bißchen besser, weil ich lächle. Manchmal kommt es mir so vor.

Schau mich an! Sehe ich nicht komisch aus? Mit meinem viel zu dünnen weißen Mund, den viel zu großen weißen Augen und den viel zu kleinen, immerhin blauen Ohren.

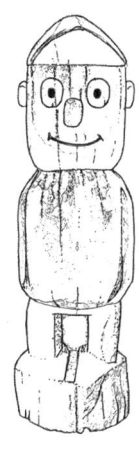

Und erst meine klobige, fast recht-eckige Nase! Wer denkt sich sowas aus?

Man könnte sagen, ich sei optisch mißraten. Und meine knallrote Kopfbedeckung macht es nicht besser. Eigentlich könnte ich todunglücklich und dauerdeprimiert über mein Aussehen sein.

Aber was tue ich? Ich lächle. Trotz alledem. Von innen heraus. Denn wahre Freude kommt von innen. Ich freue mich darüber, daß ich lebe. Denn ich liebe das Leben. Der Sinn meines Lebens besteht darin, daß ich es liebe.

Du schaust mich so an, als würdest du meine Lebensfreude spüren. Spürst du sie wirklich? Ja, ich glaube, du spürst sie. Nimm dir etwas davon mit! Ich habe genug davon für uns beide! Laß dich von meinem

Lächeln anstecken. Gib dem Lächeln eine Chance!
Die Welt wird schöner mit jedem Lächeln! Und du
auch!

*Liebende lächeln,*
*wenn ihnen Fragen nach*
*dem Sinn des Lebens*
*gestellt werden,*
*sie lächeln und hoffen,*
*daß die Fragenden*
*die Antwort verstehen.*

*Folge deinen Impulsen,*
*solange sie dich inspirieren.*
*Verwirkliche deine Ideen,*
*solange sie dich begeistern.*
*Lebe deine Gefühle,*
*solange sie leben.*
*Entdecke dich,*
*solange du lebst.*

# EIN ELEFANT AUF SKIERN

Ein Elefant auf Skiern – wo gibt es denn sowas?
Auf der Fassade eines Hauses in einem Bremer Stadt-
viertel!
Die Häuser in Bremen ziehen Fassadenmaler gerade-
zu magisch an. Überall in der Stadt verschönern sie
mit Farbe und Phantasie das Straßenbild, sorgen für
Überraschungen, bringen Kunst in den öffentlichen
Raum, in den Alltag der Passanten.

An einer weißen Häuserwand sehe ich einen jungen, lachenden Elefanten auf vier Skiern, der mit einem Affenzahn durch die Gegend saust und einen tierischen Spaß dabei hat. Er strahlt überschäumende Lebenslust, jugendlichen Leichtsinn und Freude an der Geschwindigkeit aus.

Als ich mich näher auf ihn einlasse, höre ich ihn juchzen und jubeln und wie ein Wasserfall vor sich hin reden. Dieser Jumbo hat wirklich Freude – an sich selbst, an seinem Leben.

Was er sagt, klingt nicht nur ausgelassen, es reimt sich auch noch! Ich habe es hier also mit einem dichtenden Jungelefanten zu tun. Es gibt eben nichts, das es nicht gibt.

Dieser sympathische Pistenrowdy macht mir Spaß, erzeugt aber mit seinem enormen Schwung in seiner Umgebung auch gewisse Bedenken.

Denn ein an eine andere Hauswand gemalter präch-

tiger Papagei fliegt
vorsichtshalber lie-
ber davon, um nicht
von dem übermütigen
Jumbo in seinem Geschwin-
digkeitsrausch überrollt zu werden – einem Rausch, der ihn zur
Poesie inspiriert.

# Ausser Rand und Band

Oh Mann, bin ich heute rasant –
und außer Rand und Band!
Man sieht mir an,
daß ich nicht stillstehen kann.
Auf Zauberskiern rase ich durch die Wirklichkeit –
mit rekordverdächtiger Geschwindigkeit.
Die Sonne strahlt und lacht
und hat mich leichtsinnig gemacht.
Mich treibt ein starker Bewegungsdrang!
Hört den Trompetenklang,
der voll aus meinem Rüssel dröhnt!
Das Leisetreten habe ich mir abgewöhnt.
Hätte ich Räder, würde ich rollen.
Wär ich ein Donner, würde ich grollen.
Mein Lachen dröhnt zum Himmel hoch,
die Mäuseherzen flüchten panisch in ihr Loch.
Ein ängstlicher Papagei sucht
sein Heil in der Flucht.

Aber wer Augen hat, der sieht,
daß hier Phantastisches geschieht.
Elefantös und unseriös laß ich es krachen
mit gefühlten hundertachtzig Sachen.
Mich bremst kein Stopschild,
denn ich bin jung und wild.
Ich fühl mich gut, ich lebe hier und heute –
bis in die Rüsselspitze voll mit Lebensfreude!

*Lebe den guten Augenblick,*
*genieße das schöne Gefühl,*
*vertage das Lebenswerte nie auf morgen.*
*Morgen ist immer zu spät.*
*Das wahre Leben ereignet sich*
*immer in der Gegenwart.*
*Nur in der Intensität des Augenblicks*
*findest du den Sinn des Lebens.*

*Wer mehr Glück
als Verstand haben will,
darf seinen Verstand
nicht seinem Glück
in den Weg stellen.*

## EINE WUNDERSCHÖNE ROSE

Vorgestern ging ich durch die Straßen der Nachbarschaft. Ein Vorgarten voller blühender Blumen zog meine Aufmerksamkeit unwiderstehlich an. Insbesondere die Rosen fielen mir ins Auge. Und unter den Rosen wiederum eine, deren Schönheit auf den ersten Blick mein Herz berührte.

Die Farben ihrer Blütenblätter reichten von einem zarten Rosa bis zu einem intensiven Hellrot. Und die Art, wie sie sich geöffnet hatte, war voller Anmut, Frieden und Liebe.

Unwillkürlich blieb ich stehen und betrachtete sie.

Dabei vergaß ich alles um mich herum. Auch die Gedanken, die ich eben noch hatte. Ich hatte das Gefühl, daß die Rose meine liebevolle Bewunderung spürte und sich darüber freute.

Mein Verstand fand mein Empfinden allzu romantisch und wollte etwas Kritisches anmerken, aber mein Herz brachte ihn schnell zum Schweigen. Denn die Rose machte mich glücklich. Und ich erlaubte meinem Verstand nicht, dieses Glücksgefühl zu stören. Sollte er denken, was er wollte – ich hörte ihm einfach nicht zu.

Und dann tat ich etwas, das ich noch nie getan hatte! Und am nächsten Tag tat ich es wieder. Und heute tue ich es zum dritten Mal.

Als ich um die Straßenecke biege, strömen mir die Gedanken der Rose entgegen – wie ein Duft voller Liebe und Dankbarkeit, den der leichte Wind zu mir trägt.

# DER MANN,
## DER MICH LIEBT

Tag für Tag gehen Passanten an mir vorbei. Die allermeisten sehen mich gar nicht. Ab und zu wirft mir jemand einen kurzen Blick zu.

Doch vorgestern blieb ein Mann stehen und schaute mich lange an. Minutenlang! Mit wachsendem Lächeln. Nur mich, obwohl andere wunderschöne Blumen im Vorgarten stehen.

Und dann geschah etwas Unglaubliches, das mir einen köstlichen Schauer von den Blütenblättern bis in die Wurzelspitzen schickte. Der Mann kam auf mich zu, beugte sich zu mir hinunter, nahm meinen Kopf ganz behutsam in die Hand und atmete meinen Duft tief ein. Und dann – ja dann küßte er mich!

So etwas ist mir noch nie geschehen! Ich hätte nie gedacht, daß so etwas überhaupt geschehen kann.

Ich schwebte den ganzen restlichen Tag lang auf einer rosa Wolke. Und in der Nacht darauf träumte ich von diesem Kuß, in dem soviel Liebe lag! Soviel Zärtlichkeit!

Gestern nachmittag kam der Mann wieder zu mir und schaute mich erneut lange an, als gäbe es nur uns beide auf der Welt und als sähe er mich zum ersten Mal. Dann beugte er sich wieder zu mir hinunter, atmete meinen Duft ein und schenkte mir einen zweiten zärtlichen Kuß. Schließlich flüsterte er mir noch etwas zu, das mein Glück perfekt machte: „Du bist wunderschön!"

Angeblich lieben viele Menschen uns Blumen, aber ich habe nie sonderlich viel davon gespürt. Nun kenne ich das Gefühl, wie es ist, von einem Menschen geliebt zu werden. Ich bin unsagbar glücklich, daß ich diese Liebe erleben darf. Sie erfüllt mich mit überwältigender Freude und verleiht meinem Leben einen wunderbaren Sinn.

Mit dem Wissen, auf diese Weise geliebt und geküßt worden zu sein, wird mir das Verwelken leicht fallen. Diese beiden Küsse werden für immer in meiner Seele nachklingen wie eine zauberhafte Melodie.

*Unterwegs*
*zu sich selbst*
*ist man ein Leben lang*
*jeden Tag aufs neue.*
*Und in den*
*Momenten wunschlosen Glücks*
*ist man bei sich angekommen.*

# INHALTSVERZEICHNIS

## DER AUTOR

Hans Kruppa ist einer der meistgelesenen deutschen
Dichter und Aphoristiker. Er lebt als freier Schrift-
steller in Bremen. Seine Gedichte und Märchen,
Erzählungen und Romane, Aphorismen und Kurz-
geschichten hat er in mehr als hundert Büchern mit
einer Gesamtauflage von über zwei Millionen ver-
öffentlicht. Einige seiner Bücher wurden in andere
Sprachen übersetzt. Für sein schriftstellerisches Werk
wurde Hans Kruppa mit dem New Yorker Otto-
Mainzer-Preis ausgezeichnet.

„Er gilt als Meister der Liebeslyrik, als Mann, der mit
dem Herzen denkt, als Realist mit Mut zu seinen Ge-
fühlen. Hans Kruppa spielt gekonnt auf der Klavia-
tur der Zwischentöne und hat damit großen Erfolg."
(Westfälische Nachrichten)

„Wer Hans Kruppa zuhört, dem können sich selbst die tristesten Stunden in „eine gute Zeit" verwandeln." (Deutsche Tagespost, Würzburg)

„Kaum ein deutscher Autor ist so vielseitig und erfolgreich wie Hans Kruppa. Ob er Liebeslyrik verfaßt, Märchen erzählt oder Romane schreibt, jedes Mal fließt viel Herzblut in seine Arbeit mit ein." (Visionen)

„Der Lyriker probiert, ohne daß er sich über die gesellschaftspolitische Lage Illusionen machte, auch „Schönwetterworte", und mit ihnen stellt sich Phantasie ein, Leichtigkeit…" (Die Zeit)

Mehr Informationen: www.hans-kruppa.de

## DIE ILLUSTRATORIN

Catherine Ducloux kam in Frankreich in einem malerischen Dorf zur Welt. Sie studierte Germanistik an der Universität von Lyon und lebt schon seit langem und gerne in Deutschland, wo sie nach langjähriger Berufserfahrung als Französischlehrerin unter anderem als Kunstmalerin und Illustratorin tätig ist. Mit ihren Werken illustrierte sie schon zahlreiche Bücher von Hans Kruppa.

Mehr Informationen: www.catherines-galerie.de